Jens Poschadel

GANZ SCHÖN GROSS ODER
KLITZEKLEIN?

Unsere Tiere in Haus und Garten
in voller Lebensgröße

KOSMOS

INHALT

BIENE, HUMMEL & WESPE

Forscher sortieren alle Bienen, Hummeln und Wespen der Gruppe der Hautflügler zu. Manche von ihnen benutzen einen Stachel, um sich zu wehren. Den hast du vielleicht selbst schon einmal gespürt? Besonders die aufdringlichen Wespen sind im Sommer echte Plagegeister. Sie naschen dann von unserem Eis und landen manchmal sogar in der Limonade. Die nützlichen Bienen und Hummeln dagegen tragen auf der Suche nach Nektar den Blütenstaub von einer Blüte zur nächsten. So bestäuben sie Obstbäume und Beerensträucher. Viele Hautflügler leben mit tausenden Artgenossen in einem sogenannten Staat. Dort gibt es sogar eine Königin. Damit das Zusammenleben klappt, übernimmt jedes Tier eine Aufgabe.

Königin

Arbeiterin

Königin

Arbeiterin

Königin

Arbeiterin

Königin

Arbeiterin

HONIGBIENE

Die Honigbiene lebte früher nur in Europa. Weil sie aus Nektar leckeren Honig macht, hält der Mensch sie heute in fast allen Ländern der Welt als Nutztier.

ARBEITERIN: 11 BIS 13 MM

KÖNIGIN: 15 BIS 18 MM

ERDHUMMEL

Erdhummeln findet man in ganz Europa. Sie trinken Nektar und sammeln Blütenpollen. Ihre Nester bauen sie bereits ab Februar in verlassenen Mausehöhlen oder Maulwurfsgängen.

ARBEITERIN: 11 BIS 17 MM

KÖNIGIN: 20 BIS 23 MM

WESPE

Wespen kommen in ganz Europa sowie Teilen Asiens und Afrikas vor. Sie ernähren sich von Pflanzensäften und Pollen. Ihr papierartiges Nest bauen sie unterirdisch aus morschem Holz.

ARBEITERIN: 12 BIS 14 MM

KÖNIGIN: 17 BIS 20 MM

HORNISSE

Hornissen gehören zu den Wespen und leben in Mitteleuropa. Sie füttern ihre Kinder mit Insekten. Sie selbst ernähren sich von Pflanzensäften. Ihr Stich ist nicht gefährlicher als der einer Biene.

ARBEITERIN: 18 BIS 25 MM

KÖNIGIN: 30 BIS 35 MM

FLIEGEN & MÜCKEN

Wusstest du, dass alle Insekten auf sechs Beinen unterwegs sind? Manche von ihnen krabbeln, andere schwimmen, springen oder fliegen. Fliegende Insekten haben meist vier Flügel. Aber nicht immer. Fliegen, Mücken, Bremsen und Schnaken besitzen nur zwei Flügel. Die Biologen zählen sie deshalb zu den Zweiflüglern. Logisch, oder? Die meisten Fliegen sind lästig und über- tragen Krankheiten. Außerdem ist es ekelig, wenn sie zuerst auf einem Hundehaufen und danach auf deinem Wurstbrot oder in unserem Gesicht landen. Bremsen und einige Mücken saugen Blut. Die großen und langbeinigen Schnaken sind vielleicht etwas gruselig, aber völlig harmlos.

STUBENFLIEGE

Beinahe überall, wo Menschen leben, gibt es auch Stubenflie- gen. Bei uns finden sie ihre Nahrung: Essensreste und anderen Abfall. Nur in eiskalten Gegenden leben keine Fliegen.

GRÖSSE: 6 BIS 7 MM

SPANNWEITE: 7 BIS 9 MM

SCHMEISSFLIEGE

Die oft schillernd grünen, blauen oder goldenen Schmeiß- fliegen kommen auf der ganzen Erde vor. Ihre Kinder heißen Fliegenmaden und fressen gern die Reste von toten Tieren.

GRÖSSE: 5 BIS 14 MM

SPANNWEITE: 6 BIS 20 MM

STECHMÜCKE

Stechmücken gibt es auf der ganzen Welt. Vor allem in süd- licheren Ländern übertragen sie schlimme Krankheiten. Nur die Weibchen saugen Blut, die Männchen trinken Pflanzensäfte.

GRÖSSE: 3,5 BIS 6 MM

SPANNWEITE: 7 BIS 14 MM

SCHNAKE

Schnaken leben auf der ganzen Erde. Wichtig ist für sie, dass es warm ist und sie ausreichend Nahrung finden. Sie trinken mit ihrem langen Rüssel Nektar und andere Pflanzensäfte.

GRÖSSE: 25 BIS 40 MM

SPANNWEITE: 30 BIS 50 MM

DIE SCHMETTERLINGE

Kennst du diesen wunderschönen Moment, wenn im Frühling die ersten Schmetterlinge um deine Nase flattern? Bald tanzen sie wie fliegende Farbtupfen durch jeden sonnigen Sommertag. Sie huschen von Blüte zu Blüte und rollen ihren langen Rüssel aus. So erreichen sie auch den Nektar im allertiefsten Blütenkelch. Erst wenn der kalte Herbstwind kommt, verschwinden die Schmetterlinge spurlos. Doch Halt: Manchmal findest du sie auf dem Dachboden oder in einer Scheune. Hier verbringen sie den Winter. Im nächsten Frühling legt jede Art ihre Eier auf bestimmte Pflanzen, an denen die nimmersatten Raupen sich kugelrund futtern.

ADMIRAL

Die Raupen des Admirals fressen am liebsten Brennnesseln. Die erwachsenen Falter trinken Nektar und den Saft reifer Früchte. Sie leben in Europa, Amerika, Asien und in Neuseeland.

GRÖSSE: 2,8 BIS 3,2 CM

SPANNWEITE: 5 BIS 6,5 CM

TAGPFAUENAUGE

Das Tagpfauenauge lebt in Europa und Asien. Es trinkt gern den Nektar von Disteln und Schmetterlingsflieder. Seine Raupen fressen Brennnesseln und manchmal auch Hopfen.

GRÖSSE: 2,5 BIS 3 CM

SPANNWEITE: 5 BIS 5,5 CM

KLEINER FUCHS

Der Kleine Fuchs lebt in Europa und Asien. Erwachsene Falter trinken den Nektar von Wasserdost und Kratzdisteln. Die Raupen fressen vor allem die Blätter von Brennnesseln.

GRÖSSE: 2 BIS 2,5 CM

SPANNWEITE: 4 BIS 5 CM

HAUHECHELBLÄULING

Außer in Europa lebt der Hauhechelbläuling in Nordafrika und Teilen Asiens. Die Falter saugen den Nektar aus Kleeblüten. Die Raupen fressen die Blätter von Klee und Hauhechel.

GRÖSSE: 1 BIS 1,3 CM

SPANNWEITE: 2,5 BIS 3 CM

DIE LIBELLEN

Du hast Libellen bestimmt schon wie blaue, rote, grüne oder gelbe Pfeile über das Wasser flitzen sehen. Sie jagen und fangen andere Insekten in der Luft. Libellen legen ihre Eier im Wasser ab, wo auch die Larven heranwachsen. Die Vorfahren der Libellen waren riesengroß und lebten sogar noch vor den Dinosauriern auf der Erde. Die Flügel der Urzeitlibellen maßen 75 cm von einem Ende zum anderen. Das ist etwa so lang wie der Arm eines Erwachsenen! In unserer Zeit sind Libellen viel kleiner und für Menschen ganz ungefährlich. Sie besitzen keinen Stachel und können nicht durch unsere Haut beißen.

BECHERJUNGFER

Becherjungfern leben in Europa und Amerika. Sie fressen Mücken und Fliegen. Männchen und Weibchen fliegen gemeinsam zur Eiablage und formen dabei ein herzförmiges Paarungsrad.

GRÖSSE: 3,5 BIS 5,5 CM

SPANNWEITE: 4,5 BIS 6 CM

HEIDELIBELLE

Heidelibellen sind überall dort verbreitet, wo es ausreichend warm ist und ein Gewässer in der Nähe ist. Sie fressen Mücken und andere fliegende Insekten. Nur die Männchen sind leuchtend rot.

GRÖSSE: 2,8 BIS 4,5 CM

SPANNWEITE: 5 BIS 6,5 CM

MOSAIKJUNGFER

Diese beeindruckend großen Libellen sind vor allem in Europa weitverbreitet. Man findet sie aber auch in Teilen Asiens und Afrikas. Sie fressen fliegende Insekten, die sie meistens in Wäldern erbeuten.

GRÖSSE: 6,5 BIS 8 CM

SPANNWEITE: 9 BIS 11 CM

ECHTE AUSNAHMETALENTE:
DIE KÄFER

Von keiner anderen Tiergruppe gibt es so viele verschiedene Arten wie von den Käfern! Auf der ganzen Welt krabbeln, fliegen und schwimmen sie in allen möglichen Formen, Farben und Größen. Manche sind giftig, andere kämpfen mit Geweihen oder Hörnern um die Käferfrauen. Es gibt auch Käfer, die tote Tiere als Futter für ihre Larven vergraben. Große Schwimmkäfer jagen und fressen sogar Fische und Kaulquappen. Manche Käfer können richtig tolle Dinge! Zum Beispiel im Dunkeln leuchten wie die Glühwürmchen, die gar keine Würmer sind, sondern Käfer. Schnellkäfer springen aus dem Stand über einen Meter hoch. Die Larven vieler Bockkäfer fressen sich durch härtestes Holz. Es gibt sogar Käfer, die mit ätzenden Gasen schießen können!

HIRSCHKÄFER

Männliche Hirschkäfer tragen eine Art Geweih, mit dem sie um Weibchen kämpfen. Sie sind so ziemlich die größten Käfer in Europa und Asien. Und das, obwohl sie nur Pflanzensäfte trinken.

GRÖSSE: 28 BIS 75 MM

SPANNWEITE*: 30 BIS 80 MM

HASELNUSSBOHRER

Den Haselnussbohrer zählen Biologen zur Familie der Rüsselkäfer. Er lebt in Europa sowie in Teilen Asiens und Afrikas. Seine Larven fressen Haselnüsse von innen her auf. Die Käfer selbst mögen Obst.

GRÖSSE: 6 BIS 8 MM

SPANNWEITE*: 8 BIS 12 MM

ROTHALSBOCK

Bockkäfer erkennt man an ihren langen Fühlern. Der Rothalsbock lebt in Europa, Nordafrika und Teilen Asiens. Als Larve frisst er frisches Nadelholz, später Blütenpollen und andere Blütenteile.

GRÖSSE: 11 BIS 20 MM

SPANNWEITE*: 17 BIS 25 MM

MISTKÄFER

Der Mistkäfer lebt fast auf der ganzen Welt. Er vergräbt den Kot größerer Tiere in der Erde. Davon fressen seine Larven, bis sie sich verpuppen und selbst zu Käfern werden.

GRÖSSE: 12 BIS 20 MM

SPANNWEITE*: 18 BIS 28 MM

Spannweite der zarten Flügel, die unter den Flügeldecken versteckt liegen.

SIEBENPUNKT-MARIENKÄFER

Die als Glücksbringer geltenden Marienkäfer leben überall dort auf der Welt, wo es Pflanzen gibt. Die Käfer selbst und vor allem ihre Larven fressen Blattläuse und Schildläuse.

GRÖSSE: 5 BIS 8 MM

SPANNWEITE*: 6 BIS 10 MM

BLUTROTER SCHNELLKÄFER

Schnellkäfer leben auf der ganzen Welt. Sie trinken Pflanzensäfte. Aus der Rückenlage können sie sich hoch in die Luft schleudern. Dafür benutzen sie einen Klickmechanismus in der Brust.

GRÖSSE: 12 BIS 18 MM

SPANNWEITE*: 15 BIS 20 MM

ZOTTIGER BIENENKÄFER

In Europa, Nordafrika und Asien ist der Bienenkäfer bei Bienen sehr gefürchtet. Seine Larven leben als Räuber in Bienenstöcken. Die Käfer selbst jagen auf Blüten sitzend Insekten.

GRÖSSE: 10 BIS 15 MM

SPANNWEITE*: 15 BIS 20 MM

KLEINES GLÜHWÜRMCHEN

Biologen nennen sie auch Leuchtkäfer. Man findet Glühwürmchen auf der ganzen Welt. Die Larven ernähren sich von Schnecken. Wahnsinn: Erwachsene Glühwürmchen fressen gar nichts mehr!

GRÖSSE: 8 BIS 10 MM

SPANNWEITE*: 8 BIS 12 MM

GOLD-ROSENKÄFER

Rosenkäfer sind oft bunt und schillernd. Man findet sie weltweit vor allem in warmen Gegenden. Die Larven fressen welkes Laub, die Käfer lecken Säfte von Pflanzen und Blüten.

GRÖSSE: 15 BIS 20 MM

SPANNWEITE*: 20 BIS 32 MM

GOLDLAUFKÄFER

Die goldgrün schillernden Goldlaufkäfer leben in weiten Teilen Europas. Die Larven fressen sehr kleine Tiere, die Käfer jagen Regenwürmer, Schnecken und große Insekten.

GRÖSSE: 17 BIS 30 MM

SPANNWEITE*: 20 BIS 35 MM

BOMBARDIERKÄFER

Auf der ganzen Welt schießen die zu den Laufkäfern gehörenden Bombardierkäfer ihren Feinden heiße, ätzende Gase entgegen. Sie selbst fressen verschiedene Kleintiere.

GRÖSSE: 6 BIS 10 MM

SPANNWEITE*: 7 BIS 10 MM

GELBRANDKÄFER

Der Gelbrandkäfer ist ein guter Schwimmer. In den Seen und Teichen Europas erbeutet er Insektenlarven, Kaulquappen und kleinere Fische. Der gelbe Rand ist sein Erkennungszeichen.

GRÖSSE: 27 BIS 35 MM

SPANNWEITE*: 30 BIS 38 MM

AUF SCHLEIMIGEM FUSS UNTERWEGS
DIE SCHNECKEN

Bist du schon einmal in einer Sommernacht durch den Garten gewandert? Manchmal kannst du silbern glänzende Spuren entdecken. Sie funkeln im Mondlicht und sind am Morgen oft wieder verschwunden. Weißt du, wer diese geheimnisvollen Muster auf dem Boden hinterlässt?

Es sind Schnecken, die auf ihrem eigenen Schleim lautlos durch unsere Gärten gleiten. Immer auf der Suche nach einem zarten Salatpflänzchen oder einem prallen roten Radieschen. Ja, Schnecken sind Feinschmecker. Sie verspeisen gern Gemüse – genau wie wir selbst! Praktischerweise haben manche Schnecken immer ein Haus dabei.

WEINBERGSCHNECKE

Die große Weinbergschnecke hat sich vom Mittelmeer aus über weite Teile Europas verbreitet. Mit ihrer Zunge raspelt sie Algen von Steinen und welke Teile weicher Pflanzen ab.

GRÖSSE: 8 BIS 10 CM

GEHÄUSE: 3 BIS 5 CM Ø

GARTENBÄNDERSCHNECKE

Die Gartenbänderschnecke ist regelmäßiger Gast in vielen Gärten Mitteleuropas. Auch sie ernährt sich von Algen und weichen, welken Pflanzenteilen. Das Gehäuse mit dem Ringelband kann unterschiedlichste Farben haben.

GRÖSSE: 4 BIS 5,5 CM

GEHÄUSE: 2 BIS 2,5 CM Ø

WEGSCHNECKE

Die Wegschnecke wird auch Nacktschnecke genannt und ist auf der ganzen Welt zu finden. Sie frisst gern Pflanzen und kann in unseren Gärten an Salat und anderem Gemüse großen Schaden anrichten.

GRÖSSE: 12 BIS 15 CM

GEHÄUSE: HAT SIE NICHT

DIE SPINNEN

Manche Menschen fürchten sich vor Spinnen, es gibt aber eigentlich keinen Grund dafür. Spinnen sind meistens ziemlich klein und immer sehr nützlich. Sie fangen und fressen Fliegen, Mücken und andere Plagegeister. Viele der Achtbeiner spinnen dazu ein kunstvoll gewebtes, klebriges Fangnetz aus einem superstabilen Faden. Der ist viel fester als jedes vom Menschen gemachte Band. Mit ihren Beinen können Spinnen kleinste Erschütterungen spüren. Wenn sie dich anschauen, dann aus acht Augen gleichzeitig! Die meisten Spinnen sind giftig, aber die wenigsten von ihnen werden dem Menschen gefährlich. Sie nutzen das Gift nur, um ihre Beute zu fangen.

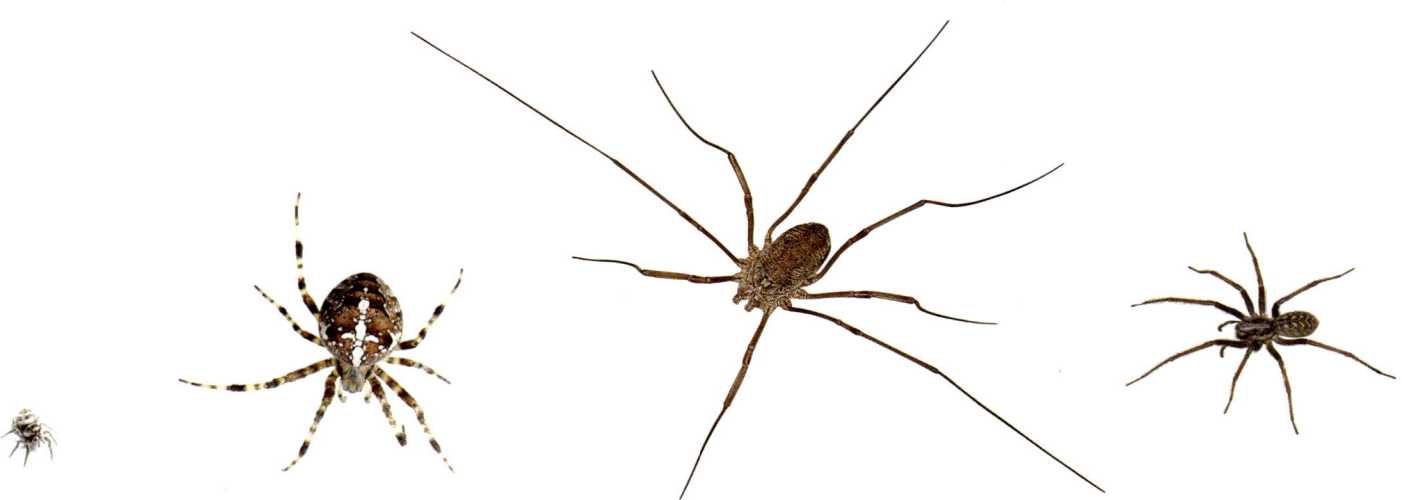

ZEBRASPRINGSPINNE

Die Zebraspringspinne lebt in Europa, Asien und Nordamerika. Sie fängt Insekten nicht mit einem Netz, sondern springt Fliegen, Motten und Mücken aus bis zu 5 cm Entfernung an.

GRÖSSE: 4 BIS 8 MM

KREUZSPINNE

Die Kreuzspinne gibt es in ganz Mitteleuropa. Sie frisst vor allem fliegende Insekten, die sich in ihrem Netz verfangen. Geht es dabei kaputt, baut sie in etwa 45 Minuten ein neues.

GRÖSSE: 15 BIS 20 MM

WEBERKNECHT

Der Weberknecht ist vor allem in Mitteleuropa verbreitet. Er frisst sehr kleine Tiere oder deren Überreste und lebt in Wäldern, Parks oder Gärten. Netze spinnen kann er nicht.

GRÖSSE: 2 BIS 22 MM

HAUSWINKELSPINNE

Die Hauswinkelspinne kommt in Mitteleuropa vor und lebt meist in der Nähe des Menschen. In Kellern, Scheunen, Schuppen und leeren Gebäuden baut sie ihre Wohnhöhle und erbeutet Insekten.

GRÖSSE: 8 BIS 12 MM

HEUSCHRECKE, GRILLE & CO

Grashüpfer, Heuschrecken und Grillen hörst du den ganzen Sommer über in Gärten, auf Wiesen und Feldern musizieren. Die Männchen zirpen mit Beinen und Flügeln, um ihre Partnerin für einen Sommer anzulocken. Aber sie können noch einiges mehr. Vor allem Heuschrecken und Grashüpfer springen richtig hoch. Wenn sie dann noch ihre Flügel öffnen, segeln sie einige Meter weit durch die Luft. Übrigens haben alle diese Tiere gar keine echten Ohren. Heuschrecken und Grashüpfer hören vielmehr mit ihren Vorderbeinen, Grillen sogar mit dem Bauch! Manche Heuschrecken sehen aus wie Blätter oder Zweige, damit ihre Feinde sie nicht entdecken.

GOTTESANBETERIN

Die Gottesanbeterin mit ihren langen Fangarmen fängt und frisst andere Insekten, sogar kleinere Verwandte. Sie stammt aus Afrika, lebt heute aber auch in Europa und Asien.

GRÖSSE: 5,5 BIS 7,5 CM

SPRUNGWEITE: 1 BIS 3 CM

GRÜNES HEUPFERD

Das Grüne Heupferd lebt in Europa, Asien und Nordafrika. Wie alle Heuschrecken mit langen Fühlern ist es ein Fleischfresser. Es verspeist Insekten aller Art.

GRÖSSE: 2,8 BIS 4,2 CM

SPRUNGWEITE: 100 BIS 250 CM

GRASHÜPFER

Grashüpfer sind in vielen Farben auf der ganzen Erde überall dort anzutreffen, wo sie ausreichend Nahrung finden. Sie fressen vor allem Gräser, Kräuter und andere Pflanzen.

GRÖSSE: 1,8 BIS 6 CM

SPRUNGWEITE: 80 BIS 120 CM

FELDGRILLE

Feldgrillen leben vorwiegend in den warmen Gegenden Mitteleuropas. Hier hört man sie abends zirpen. Sie fressen hauptsächlich Pflanzen, aber auch kleine Bodentiere und Aas.

GRÖSSE: 1,7 BIS 2,5 CM

SPRUNGWEITE: 2 BIS 6 CM

FRÖSCHE & KRÖTEN

Frösche und Kröten gehören zu den Amphibien. Diese Tiere sind in zwei Welten zu Hause: an Land und im Wasser. Amphibien legen im Frühjahr ihre Eier im Wasser ab, daraus schlüpfen Kaulquappen. Die sehen aus wie kleine mollige Fische. Wenn die Kaulquappen ausgewachsen sind, sehen sie genau wie ihre Eltern aus. Sie hüpfen im Herbst an Land, um in einem Versteck den Winter zu verbringen. Frösche sind häufig schlanker und haben kräftige Hinterbeine, mit denen sie hervorragend springen können. Kröten haben oft eine trockene, warzige Haut. Ihre Hinterbeine sind deutlich kürzer.

LAUBFROSCH

Laubfrösche gibt es weltweit dort, wo es feucht und warm ist. Sie können sehr gut klettern und sitzen meist auf Büschen oder Bäumen. Dort quaken sie laut und fangen Insekten und Spinnen.

GRÖSSE: 3 BIS 5 CM

SPRUNGWEITE: 50 BIS 65 CM

GRASFROSCH

Der Grasfrosch ist einer der häufigsten Frösche Europas. Auf feuchten Wiesen und in Wäldern jagt er Insekten, Würmer, Asseln, Spinnen und Schnecken. Im Gewässer trifft man ihn nur zur Eiablage.

GRÖSSE: 6 BIS 11 CM

SPRUNGWEITE: 60 BIS 100 CM

ERDKRÖTE

Die Erdkröte mit ihrer warzigen Haut findet man mit Ausnahme einiger Inseln in ganz Europa. Sie lebt versteckt in Wäldern und Gärten. Dort jagt sie abends Würmer, Schnecken und Insekten.

GRÖSSE: 8 BIS 12 CM

SPRUNGWEITE: 8 BIS 15 CM

DIE ZAUNEIDECHSE

Alle Eidechsen gehören wie die Schlangen, Schildkröten, Warane und Krokodile zu den Kriechtieren oder auch Reptilien. Um richtig wach zu werden, tanken Eidechsen jede Menge Sonnenwärme. Auf die Jagd gehen sie erst, wenn sie sich aufgewärmt haben.

Zauneidechsen mögen die Nähe des Menschen. In der von uns geformten Landschaft finden sie alles, was sie zum Leben brauchen. Vor allem Kiesgruben und Heiden bieten ihnen freie Sandflächen, auf denen sie ihre Eier vergraben und jagen gehen können. Unter Heidepflanzen und kleinen Büschen verstecken sie sich vor ihren Feinden. Werden sie doch einmal angegriffen, werfen sie ihren Schwanz ab. So entkommen sie, und der Schwanz wächst wieder nach.

GRÖSSE:	9 BIS 11 CM
SCHWANZLÄNGE:	9 BIS 14 CM
ANZUTREFFEN:	AN BAHNDÄMMEN UND WALDRÄNDERN, IN WILDGÄRTEN UND STEINBRÜCHEN
NAHRUNG:	HEUSCHRECKEN, KÄFER, AMEISEN, WÜRMER UND SPINNEN

16

GRÖSSE:	35 BIS 55 CM
ANZUTREFFEN:	AUF WALDWEGEN, BAHNDÄMMEN, KOMPOSTHAUFEN
NAHRUNG:	NACKTSCHNECKEN UND WÜRMER

SCHLÄNGELND SCHLEICHT SIE DURCH DEN WALD

DIE BLINDSCHLEICHE

Sieht aus wie eine Schlange, ist aber gar keine. Was ist das? Hast du eine Idee? Es ist die Blindschleiche. Sie gehört wie die Eidechsen zu den Echsen, hat aber keine Beine mehr. Nur ein paar kleine Knochen unter der Haut erinnern noch daran. Übrigens sieht die Blindschleiche recht gut. Ihr Name kommt wahrscheinlich von »blendend«

oder »blinkend« und bezieht sich auf ihre glänzenden Schuppen. Anders als die meisten Echsen legt die Blindschleiche keine Eier, sondern bringt zwischen acht und zwölf lebende Junge zur Welt. In Gefangenschaft können Blindschleichen 50 Jahre alt werden. Sie leben in Europa und Asien, im Winter fallen die Tiere in eine Kältestarre.

KLEIN, ABER OHO!
DIE SINGVÖGEL

Die meisten bei uns brütenden Singvogelarten suchst du im Winter vergeblich. Sie halten jedoch keinen Winterschlaf und verstecken sich auch nicht in Höhlen oder auf Dachböden. Vielmehr fliegen sie tausende Kilometer weit in den warmen Süden. Sie überwintern in Südeuropa, Afrika oder Asien.

Der Grund für diese jährliche Reise ist nicht allein die Kälte. Die meisten Vögel würden sie dank ihres dichten Federkleides überstehen. Sie finden bei uns in der kalten Jahreszeit aber nicht genug Futter. Es gibt dann nur wenige Insekten und deren Larven. Samen und Früchte gehen bald zur Neige. Mit dem Frühling kehren die Singvögel zurück und erfreuen uns wieder mit ihrem Gesang.

BLAUMEISE

Blaumeisen findet man in ganz Europa und einem kleinen Teil Asiens. Hier verbringen sie auch den Winter. Sie fressen Insekten und deren Larven, aber auch Samen und Pflanzenteile.

GRÖSSE: 11 BIS 12 CM

SPANNWEITE: 18 BIS 20 CM

ZAUNKÖNIG

Der Zaunkönig ist der drittkleinste Vogel Europas. Er lebt auch in Asien und Nordamerika. Am liebsten frisst er Spinnentiere und fliegende Insekten wie Falter, Fliegen und Mücken.

GRÖSSE: 9 BIS 11 CM

SPANNWEITE: 13 BIS 17 CM

MÖNCHSGRASMÜCKE

Die im Frühling besonders fleißig singende Mönchsgrasmücke ist in ganz Europa und etwas darüber hinaus zu Hause. Sie frisst Insekten und deren Larven sowie Früchte, Samen und Blüten.

GRÖSSE: 13,5 BIS 15 CM

SPANNWEITE: 20 BIS 23 CM

ROTKEHLCHEN

Das zutrauliche Rotkehlchen singt in Europa, Nordafrika und Teilen Asiens oft den ganzen Tag lang. In den Pausen jagt und frisst es Spinnen, Insekten, Würmer und Schnecken.

GRÖSSE: 13 BIS 14 CM

SPANNWEITE: 20 BIS 22 CM

GRÖSSE:	6,5 BIS 8 CM
SCHWANZLÄNGE:	5,5 BIS 7 CM
ANZUTREFFEN:	IN MISCHWÄLDERN IN MITTEL- UND OSTEUROPA
NAHRUNG:	FRÜCHTE UND NÜSSE, INSEKTEN, VOGELEIER, KNOSPEN UND SAMEN

EIN ZUCKERSÜSSER NACHTSCHWÄRMER

DIE HASELMAUS

Obwohl sie Haselmaus heißt, gehört sie eigentlich zu den Bilchen. Das ist eine Gruppe von kleinen Säugetieren, die nachts auf Futtersuche gehen. Vielleicht hast du schon gehört, dass Forscher solche Tiere als nachtaktiv bezeichnen? Die Haselmaus heißt so, weil sie gern in Sträuchern der Haselnuss ihre kugelrunden Nester baut.

Die Nester nennt man Kobel. Wie viele nachtaktive Tiere hat die Haselmaus ziemlich große Augen. Damit kann sie auch bei Mondlicht noch sehr gut sehen. Mit ihren großen Augen, den kleinen Ohren und der Stupsnase sieht sie für Menschen besonders süß aus.

DER SIEBENSCHLÄFER

Wie die Haselmaus gehört der Siebenschläfer zu den nachtaktiven Bilchen. Woran denkst du, wenn du den Namen Siebenschläfer hörst? Wahrscheinlich an ziemlich viel Schlaf, oder? Tatsächlich hält dieses kleine Säugetier einen Winterschlaf, der sogar eher acht als sieben Monate andauert – also länger als ein halbes Jahr! Sobald er aufwacht, streift er nachts durch Obstgärten und manchmal auch über Dachböden. Dort macht er so viel Lärm, dass er nicht selten für einen Einbrecher gehalten wird. Seinen Winterschlaf verbringt der Siebenschläfer bis zu einem Meter tief unter der Erde. Natürlich futtert er sich vorher einen richtig dicken Speckbauch an.

GRÖSSE:	13 BIS 18 CM
SCHWANZLÄNGE:	11 BIS 16 CM
ANZUTREFFEN:	IN GANZ EUROPA, ZUM TEIL IN ASIEN, IN LAUBWÄLDERN UND GROSSEN GÄRTEN
NAHRUNG:	FRÜCHTE UND BEEREN, NÜSSE, INSEKTEN, VOGELEIER, KNOSPEN UND PILZE

DIE HAUSMAUS

Forscher verwenden Mäuse seit vielen Jahrzehnten zur Entwicklung von Medikamenten. Inzwischen sind gezüchtete Hausmäuse auch als Haustiere sehr beliebt. Die Hausmaus begleitet den Menschen jedoch schon seit einigen tausend Jahren. Sie versteht es sehr gut, unsere Vorräte als Futter zu nutzen. Gemeinsam mit dem Menschen hat sie sich auf der ganzen Erde ausgebreitet. Wenn man so will, ist die Hausmaus also eines der erfolgreichsten Säugetiere der Erde. In der freien Natur sammelt und versteckt sie Vorräte für den Winter. Dies tut sie jedoch nicht, wenn sie in Häusern oder Wohnungen lebt. Hier überlässt sie diese Arbeit ihren menschlichen Mitbewohnern.

GRÖSSE:	7 BIS 11 CM
SCHWANZLÄNGE:	7 BIS 10 CM
ANZUTREFFEN:	ÜBERALL AUF DER WELT, IMMER IN DER NÄHE VON MENSCHEN
NAHRUNG:	SAMEN UND FRÜCHTE, NÜSSE, INSEKTEN, WURZELN UND GRÄSER

DIE WANDERRATTE

Wanderratten haben einen schlechten Ruf, weil sie schlimme Krankheiten verbreiten und zum Beispiel auf Inseln andere Tierarten verdrängen. Andererseits tragen sie als Versuchstiere dazu bei, dass wir wichtige Medikamente entwickeln können. Wanderratten beherrschen die Kunst, sich in jeder Umgebung zurechtzufinden. Früher lebten sie gern auf Schiffen und verbreiteten sich von dort aus über die ganze Welt. Die Nähe des Menschen stört sie nicht, im Gegenteil. In großen Städten leben sie wie die Made im Speck auf Müllplätzen und sogar in den Abwasserrohren. Dort ernähren sie sich von den Abfällen, die wir in unsere Toiletten kippen. Wanderratten leben in großen Gruppen, die als Clans bezeichnet werden.

GRÖSSE:	19 BIS 30 CM
SCHWANZLÄNGE:	15 BIS 23 CM
ANZUTREFFEN:	AUF DER GANZEN WELT VERBREITET, URSPRÜNGLICH AUS NORDASIEN
NAHRUNG:	GETREIDE, FRÜCHTE, GEMÜSE, SAMEN, GRÄSER, ZUM TEIL AUCH FLEISCH UND FISCH

DIE INSEKTENFRESSER

Forscher nennen eine Gruppe von kleinen Säugetieren mit sehr scharfen Zähnen Insektenfresser. Tatsächlich sind alle diese Tierarten Fleischfresser. Die meisten von ihnen fressen Insekten, aber auch Würmer, Schnecken, Fische, Eier und Küken, Amphibien und Reptilien. Insektenfresser haben sich im Laufe der Zeit an viele unterschiedliche Lebensräume angepasst. Sie leben auf oder unter der Erde, auf Bäumen oder sogar im Wasser. Einige der kleinsten Säugetiere der Welt zählen zu dieser Tiergruppe. Alle Insektenfresser haben ein sehr gutes Gehör und können hervorragend riechen. Die meisten von ihnen triffst du eher abends und nachts an, sie sind also nachtaktiv.

SPITZMAUS

Obwohl sie wie echte Mäuse aussehen, gehören die Spitzmäuse nicht zu den Nagetieren. Sie sind mit vielen unterschiedlichen Arten auf der ganzen Welt zu finden. Spitzmäuse fressen Insekten, Spinnentiere, kleine Amphibien und Reptilien sowie Würmer und Schnecken.

GRÖSSE: 6 BIS 15 CM

SCHWANZLÄNGE: 2,8 BIS 7,4 CM

MAULWURF

Der Maulwurf buddelt viele Meter lange Tunnel durch unsere Gärten. Dort unten verspeist er meist Regenwürmer, aber auch Insekten, Spinnen und Schnecken. In Europa ist er in fast jedem Garten zu Hause. Einige seiner Verwandten leben in Nordamerika und Asien.

GRÖSSE: 12 BIS 21 CM

SCHWANZLÄNGE: 2,5 BIS 4 CM

IGEL

Igel leben in Europa, Afrika und Asien. Sie fressen Würmer, Insekten und Schnecken, aber auch kleine Säugetiere, aus dem Nest gefallene Eier sowie reifes Fallobst. Wenn er sich bedroht fühlt, rollt sich der Igel zu einer Stachelkugel zusammen. Seine bis zu 7000 Stacheln sind vor tausenden Jahren aus seinen Haaren entstanden.

GRÖSSE: 22 BIS 30 CM

SCHWANZLÄNGE: 1,5 BIS 2,2 CM

KLETTERMAX
ÖRNCHEN

aus Zweigen, Nadeln und Blättern baut. Diesen
Kobel polstert es so dick mit Moosen, Blättern und
Gras aus, dass es selbst im Winter nicht friert. Die
Eichhörnchenkinder sind bei der Geburt sehr klein,
nackt, blind und taub. Die Männchen machen sich
noch vor der Geburt der Jungen aus dem Staub.

DAS WILDKANINCHEN

Wildkaninchen lebten ursprünglich nur in Europa. Menschen haben sie schon immer gern gejagt und gegessen. Schon vor vielen hundert Jahren begann man, Hauskaninchen aus ihnen zu züchten. Heute gibt es viele Rassen in unterschiedlichen Größen, Formen und Farben. Du findest einige von ihnen in Zoos und Wildparks oder auf Bauernmärkten. Wildkaninchen leben heute vor allem in Parks und Gärten. Sie wurden für die Jagd auch in Amerika und Australien angesiedelt. Vor allem in Australien haben sie sich sehr stark vermehrt und gelten heute als Plage. Die kleinen Hoppler sind dort so häufig, dass sie in großen Gebieten alle Pflanzen abknabbern.

GRÖSSE: 36 BIS 45 CM

SCHWANZLÄNGE: 4 BIS 7,5 CM

ANZUTREFFEN: NAHEZU WELTWEIT

NAHRUNG: BLÄTTER, GRÄSER, KRÄUTER, GEMÜSE UND MANCHE BLUMEN

EIN PELZIGER AUTONARR SORGT FÜR ÄRGER

DER STEINMARDER

Eigentlich ist es ja ganz schön, dass Wildtiere wie der Steinmarder die Nähe des Menschen suchen. So können wir sie in der Stadt beobachten, ohne in den Zoo gehen zu müssen. Wäre da nicht diese eine Sache mit den Autos, von der du vielleicht schon gehört hast. Steinmarder schlüpfen nachts nämlich gern in die noch warmen Motorräume.

Hat dort schon ein anderer Marder seine Duftmarke hinterlassen, werden sie wütend und zerbeißen Kabel und Schläuche. Die Reparatur ist meist sehr teuer und ärgert die Autobesitzer natürlich. Und ein Marder auf dem Dachboden ist so laut wie eine Meute junger Hunde. Schade, dass es mit den Wildtieren in der Stadt nicht immer so einfach ist.

GRÖSSE:	40 BIS 54 CM
SCHWANZLÄNGE:	22 BIS 30 CM
ANZUTREFFEN:	IN EUROPA UND ASIEN
NAHRUNG:	KLEINE SÄUGETIERE, AMPHIBIEN, REPTILIEN, INSEKTEN, ABER AUCH BEEREN UND FRÜCHTE

EIN WIESELFLINKER MÄUSEJÄGER

DAS WIESEL

In der freien Natur ist das kleine, schlanke Mauswiesel nur sehr selten zu beobachten. Meist
schlüpft es auf der Jagd nach Mäusen heimlich
durch deren unterirdische Gänge. Dort versteckt
es sich auch vor seinen Feinden wie Füchsen,
Eulen, Greifvögeln oder größeren Mardern.
Den größten Teil des Jahres sind Mauswiesel
Einzelgänger. Nur zur Paarungszeit leben sie für
sehr kurze Zeit zusammen. Ihre Jungen sind

besonders klein und wiegen nur 1,5 Gramm – so
viel wie eine große Rosine. Dafür bekommen weib-
liche Mauswiesel jedes Jahr fünf bis zehn Junge.
Im Gegensatz zu vielen seiner Verwandten ist das
Mauswiesel meist am Tag aktiv.

GRÖSSE: 11 BIS 26 CM

SCHWANZLÄNGE: 2 BIS 8 CM

ANZUTREFFEN: AUF DER GANZEN
NÖRDLICHEN HÄLFTE
UNSERER ERDE

NAHRUNG: HAUPTSÄCHLICH
MÄUSE, ABER AUCH
EIDECHSEN, VÖGEL,
EIER, JUNGVÖGEL,
KLEINE KANINCHEN
UND INSEKTEN

FRISST ER NUR, WAS WIRKLICH SAUBER IST?

DER WASCHBÄR

Mit dem schwarzen Streifen im Gesicht sieht der Waschbär wie ein Räuber mit einer Maske aus. Dazu passt auch, dass er nachts auf Futtersuche geht. In Wahrheit ist er aber kein echtes Raubtier, sondern ein Allesfresser. Bei uns lebt der Waschbär erst seit weniger als 100 Jahren. Damals sind einige Tiere aus Zoos entkommen und andere wurden von Menschen freigelassen.

Ursprünglich stammen Waschbären aus Nordamerika. Tagsüber schlafen die Tiere gern in unbenutzten Schornsteinen, auf Dachböden oder in Scheunen. In unserem Abfall findet der Waschbär noch allerhand Fressbares. In der Natur sucht er sein Futter auch in Bächen und Teichen. Es sieht dann so aus, als würde er es waschen.

DER ABENDSEGLER

Abendsegler gehören zu den größten Fledermäusen Europas. Anders als die meisten ihrer Verwandten fliegen sie oft schon am frühen Abend auf Nahrungssuche. Da Abendsegler dies auch in der Nähe von Städten und Dörfern tun, kann man sie manchmal beobachten. Vielleicht hast du an einem Sommerabend selbst schon einmal einen Abendsegler herumflattern sehen? Im Winter ziehen die großen Fledermäuse wie manche Vogelarten in den Süden. Dort ist es wärmer und sie finden mehr Futter. Übrigens sind Fledermäuse nicht mit den echten Mäusen verwandt. Biologen ordnen sie zusammen mit den tropischen Flughunden der Gruppe der Fledertiere zu.

GRÖSSE:	8,5 BIS 16,5 CM
SPANNWEITE:	26 BIS 46 CM
ANZUTREFFEN:	NEBEN EUROPA AUCH IN TEILEN ASIENS UND IN NORDAFRIKA
NAHRUNG:	GROSSE INSEKTEN WIE KÄFER, NACHTFALTER UND LIBELLEN

SO SÜSS UND LEICHT WIE EIN STÜCK WÜRFELZUCKER

DIE ZWERGFLEDERMAUS

Die Zwergfledermaus gehört zu den kleinsten Säugetieren überhaupt. Und dabei ist sie erstaunlich nützlich. Jede erwachsene Zwergfledermaus verputzt pro Nacht bis zu 2000 Insekten – viele davon sind Mücken und andere Plagegeister. Die Weibchen säugen ihre Jungen nur drei Wochen lang. Dann sind sie erwachsen und machen sich in der Abenddämmerung selbst auf Insektenjagd.

Weißt du schon, wie Fledermäuse im Dunkeln ihren Weg und ihre Beute finden? Sie »sehen« mit ihren großen Ohren. Natürlich sehen sie damit nicht wirklich. Sie hören vielmehr das Echo von Tönen, die sie selbst erzeugt haben. Und aus den Echos aller Dinge in ihrer Nähe erstellt ihr Gehirn eine Landkarte.

GRÖSSE:	3,6 BIS 5,1 CM
SPANNWEITE:	18 BIS 24 CM
ANZUTREFFEN:	FAST ÜBERALL IN EUROPA UND ETWAS DARÜBER HINAUS
NAHRUNG:	INSEKTEN: VOR ALLEM NACHTFALTER, FLIEGEN UND MÜCKEN

UNBELIEBTE MITBEWOHNER

Auch wenn es den Menschen manchmal so vorkommen mag: Keiner von uns ist jemals ganz allein. Eine große Zahl von Tieren lebt mit uns in unseren Häusern und Wohnungen. Manche von ihnen knabbern an unseren Vorräten. Das sind meistens Insekten oder kleine Säugetiere wie Mäuse. Manche Insekten und ihre Kinder mögen auch Tapeten, Kleister, Möbel, Teppiche oder Kleidung. Andere wiederum saugen sogar unser Blut und können dabei Krankheiten übertragen. Die meisten dieser Tiere schlafen tagsüber und kommen erst in der Dunkelheit hervor. Tagsüber verstecken sie sich in Ritzen und Löchern im Boden und an Wänden, hinter Möbeln oder Kühlschränken.

DEUTSCHE SCHABE

Anders als ihr Name vorgibt, ist die Deutsche Schabe fast auf der ganzen Welt zu Hause. Sie mag es gern warm und lebt in Küchen, Restaurants und Hotels von unseren Abfällen.

GRÖSSE: 14 BIS 17 MM

DÖRROBSTMOTTE

Diese Motte gehört zu jenen Insektenarten, die der Mensch weltweit fürchtet. Ihre Raupen fressen Vorräte wie Getreide oder getrocknetes Obst. Dabei können sie großen Schaden anrichten.

GRÖSSE: 6 BIS 10 MM

KELLERASSEL

Die Kellerassel mit ihren 14 Beinen ist ein Krebs. Sie lebt überall auf der Erde und frisst herabgefallene Blätter und andere Pflanzenteile. Oft findet man sie unter morschem Holz oder Steinen.

GRÖSSE: 12 BIS 20 MM

AMEISE

Ameisen gehören wie Bienen und Wespen zu den Hautflüglern. Flügel haben Königin und Männchen aber nur zur Paarungszeit. Ameisen gibt es auf der ganzen Welt. Wie Bienen und Wespen leben sie in Staaten.

GRÖSSE: 5 BIS 20 MM

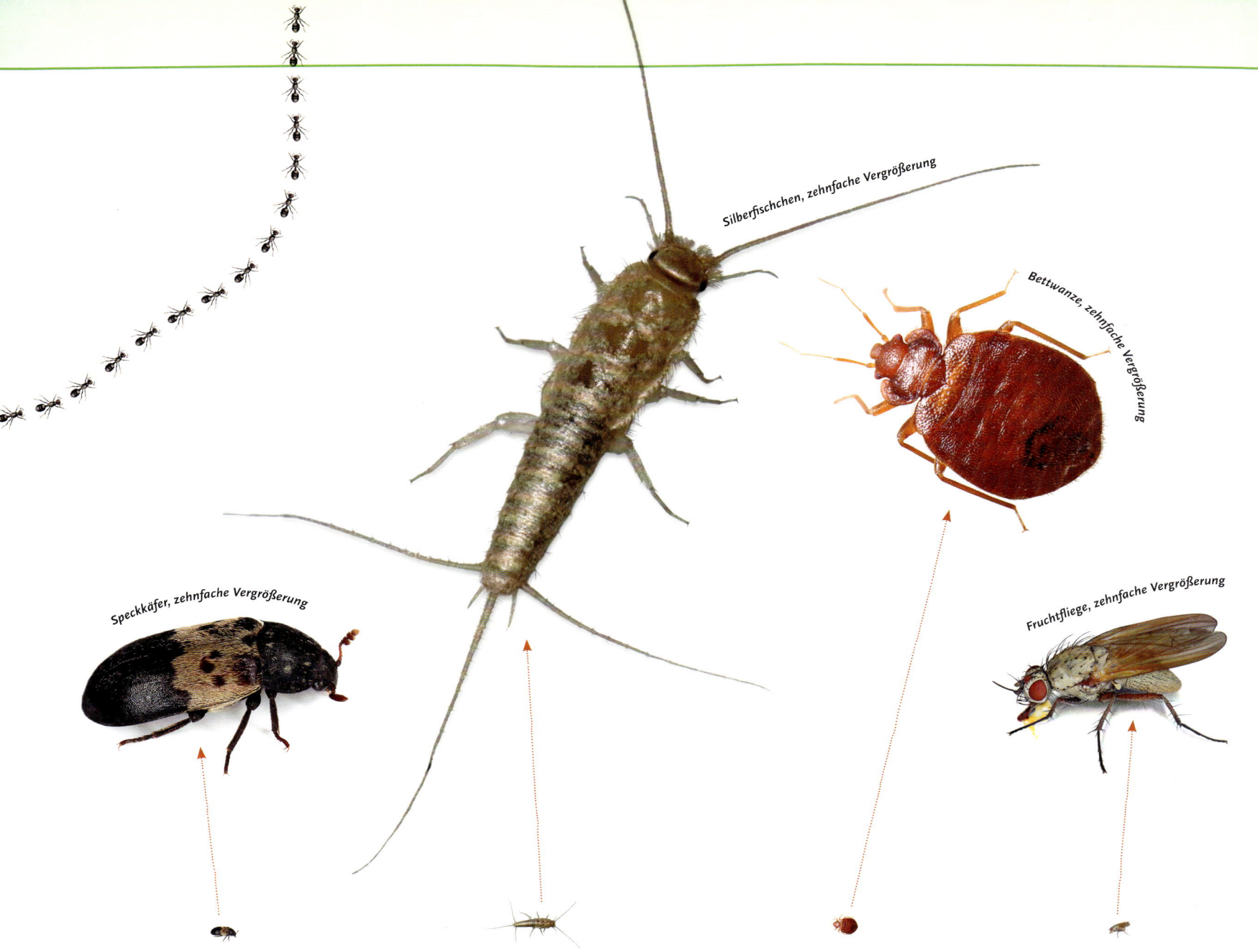

Silberfischchen, zehnfache Vergrößerung

Bettwanze, zehnfache Vergrößerung

Speckkäfer, zehnfache Vergrößerung

Fruchtfliege, zehnfache Vergrößerung

SPECKKÄFER

Gemeinsam mit dem Menschen hat sich der Speckkäfer auf der ganzen Welt ausgebreitet. Er und seine Larven fressen tote Tiere – leider auch ausgestopfte Tiere und Knochen im Museum.

GRÖSSE: 1,5 BIS 12 MM

SILBERFISCHCHEN

Silberfischchen lebten schon lange vor den Dinosauriern auf der Erde. Überall, wo es feucht und warm ist, suchen sie nachts ihr Futter: Zucker und kleine Reste von Pflanzen und Tieren.

GRÖSSE: 7 BIS 11 MM

BETTWANZE

Die flachen kleinen Blutsauger leben auf der ganzen Welt überall dort, wo es Menschen oder andere Säugetiere gibt. Finden sie keine Nahrung, können sie bis zu 40 Wochen hungern.

GRÖSSE: 3,8 BIS 6 MM

FRUCHTFLIEGE

Fruchtfliegen leben auf der ganzen Welt überall dort, wo sie faulendes Obst oder Pflanzensäfte aufsaugen können. Deshalb finden wir sie oft in unserer Nähe.

GRÖSSE: 1,2 BIS 8 MM

IMPRESSUM & BILDNACHWEIS

Mit Farbfotos von: S. 6 (Hornisse) Kletr/shutterstock; S. 6, 14, 21, 23, 27 (Honigbiene, Gottesanbeterin, Siebenschläfer, Wanderratte, Eichhörnchen) Eric Isseleé/fotolia; S. 6, 7, 36 (Erdhummel, Wespe, Kohlschnake, Kellerassel) paulrommer/fotolia; S. 7, 10, 13 (Stubenfliege, Schmeißfliege, Marienkäfer, Kreuzspinne) Alekss/fotolia; S. 7 (Stechmücke) Alexander Potapov/fotolia; S. 8, 11, 13, 19 (Hauhechelbläuling, Glühwürmchen, Weberknecht, Hauswinkelspinne, Zaunkönig) Frank Hecker; S. 8, 10, 11 (Tagpfauenauge, Hirschkäfer, Mistkäfer, Goldlaufkäfer) Heiko Bellmann; S. 8 (Kleiner Fuchs) Ingo Bartussek/fotolia; S. 8 (Admiral) Stepan Bormotov/ fotolia; S. 9 (Becherjungfer, Mosaikjungfer) als/fotolia; S. 9, 11 (Heidelibelle, Bombadierkäfer) alslutsky/shutterstock; S. 11, 37 (Rothalsbock, Speckkäfer) Henrik Larsson/fotolia; S. 11 (Rosenkäfer, Schnellkäfer) Cosmin Manci/shutterstock; S. 11 (Haselnussbohrer) Cosmin Manci/fotolia; S. 11 (Gelbrandkäfer) Kletr/fotolia; S. 11 (Bienenkäfer) Marco Uliana/fotolia; S. 12 (Gartenbänderschnecke) Carola Vahldiek/fotolia; S. 12 (Wegschnecke) guy/fotolia; S. 12 (Weinbergschnecke) rcfotostock/fotolia; S. 13 (Zebraspringspinne) akilrollerowan/fotolia; S. 14, 24 (Feldgrille, Maulwurf) Kim Taylor/Warren photographic Ltd.; S. 15 (Laubfrosch) Manuel Findeis/fotolia; S. 15, 16, 17 (Grasfrosch, Erdkröte, Zauneidechse, Blindschleiche) Vitalii Hulai/fotolia; S. 18 (Rotkehlchen) Wouter Marck/istock; S. 18, 32 (Mönchsgrasmücke, Mauswiesel) Erni/shutterstock; S. 19 (Blaumeise) hfox/fotolia; S. 20 (Haselmaus) Oliver Giel/Tierfotograf; S. 22 (Hausmaus) Sasz-Fabian Jozsef/shutterstock; S. 24 (Spitzmaus) creativenature.nl/fotolia; S. 25 (Igel) Richard Peterson/ shutterstock; S. 26 (Eichhörnchenbaby) Joachim Neumann/fotolia; S. 28, 29, 30, 31 (Wildkaninchen, Steinmarder) Eric Isseleé/shutterstock; S. 33 (Waschbär) SunnyS/fotolia; S. 34 (Abendsegler) Nature picture library/alamy; S. 35 (Zwergfledermaus) Torsten Pröhl/fokusnatur.de; S. 36 (Dörrobstmotte) unpict/fotolia; S. 36 (Waldschabe) smith1972/shutterstock; S. 37 (Silberfischchen) Armando Frazao/ fotolia; S. 37 (Fruchtfliege) jeanete ehab/fotolia; S. 37 (Bettwanze) smuay/fotolia

Umschlaggestaltung von Andrea Köhrsen unter Verwendung folgender Bilder: akilrollerowan/fotolia (Zebraspringspinne); Alekss/fotolia (Kreuzspinne); rcfotostock/fotolia (Weinbergschnecke); Vitalii Hulai/fotolia (Zauneidechse); juefraphoto/fotolia (Maulwurf); Voijtech Herout/fotolia (Eichhörnchen); Mirek Kijewski (Baumfrosch); Richard Perterson/shutterstock (Igel)

Unser gesamtes lieferbares Programm und viele weitere Informationen zu unseren Büchern, Spielen, Experimentierkästen, DVDs, Autoren und Aktivitäten findest du unter **kosmos.de**

FSC MIX — Papier aus verantwortungsvollen Quellen — FSC® C084279

Gedruckt auf chlorfrei gebleichtem Papier

© 2017, Franckh-Kosmos Verlags-GmbH & Co. KG, Stuttgart
Alle Rechte vorbehalten
ISBN: 978-3-440-15481-6
Redaktion: Teresa Baethmann
Layout & Satz: Andrea Köhrsen, Kiel
Produktion: Verena Schmynec
Druck und Bindung: Print Consult GmbH, München
Printed in Slovakia / Imprimé en Slovaquie